ÉTUDES HISTORIQUES BRETONNES

LES DEUX SAINTS CARADEC

LÉGENDES LATINES INÉDITES

Avec introduction et notes critiques

PAR

ARTHUR DE LA BORDERIE

Membre du comité des travaux historiques

PARIS
LIBRAIRIE DE H. CHAMPION
15, QUAI MALAQUAIS, 15

1883

ÉTUDES HISTORIQUES BRETONNES

LES DEUX

SAINTS CARADEC

Tiré à cinquante exemplaires.

ÉTUDES HISTORIQUES BRETONNES

LES DEUX
SAINTS CARADEC

LÉGENDES LATINES INÉDITES

Avec introduction et notes critiques

PAR

ARTHUR DE LA BORDERIE

Membre du comité des travaux historiques

PARIS
LIBRAIRIE DE H. CHAMPION
15, QUAI MALAQUAIS, 15

1883

LES DEUX

SAINTS CARADEC

LÉGENDES LATINES INÉDITES

Il existe en Bretagne trois paroisses du nom de Saint-Caradec : deux dans le Morbihan, Saint-Caradec-Hennebont sur la rive droite du Blavet, et Saint-Caradec-Trégomel dans le canton de Guémené ; la troisième, Saint-Caradec-Loudéac, dans les Côtes-du-Nord. Il y a ou il y a eu sous ce même vocable des chapelles en Inguiniel (canton de Plouai, Morbihan), en Mellac et en Pontaven près Quimperlé (Finistère). On trouve encore dans les Côtes-du-Nord la paroisse de Saint-Careuc (canton de Montcontour), le village de Saint-Cadreuc en Ploubalai, dans le Finistère la paroisse de Carantec près Saint-Pol de Léon, qui ont aussi pour patron saint Caradec. On pourrait ajouter à ces exemples ; ils suffisent à prouver combien le culte de ce saint était et est encore répandu dans notre province.

Cependant on chercherait en vain sa vie dans nos hagiographes : le Père Albert Le Grand et dom Lobineau sont muets, et l'abbé de Garaby — qui n'est jamais à court —nous donne pour saint Caradec un solitaire de ce nom, dont il tire la mention de Lobineau, mais qui jamais ne fut de près ni de loin qualifié saint [1].

C'est donc rendre quelque service à notre histoire religieuse de publier une légende originale, ancienne, authentique, de ce bienheureux patron. Au lieu d'une, nous allons en donner deux et produire ici — comme le titre de cette notice l'indique —deux saints du nom de Caradec.. Nous pourrions même aller jusqu'à trois, en mettant en ligne de compte le saint Caradec ou Caradoc, ermite au pays de Galles mort en 1124, dont les Bollandistes ont imprimé les actes au 13 avril [2] ; mais ce dernier est hors de cause, n'étant certainement le patron d'aucune des églises ou chapelles de notre Bretagne Armorique placées sous l'invocation de saint Caradec.

§ I

Le plus ancien des deux dont nous avons à nous occuper naquit au Ve siècle, dans l'île de Bretagne, d'un petit roi de la Cambrie [3] appelé Keretic ou Keredic. Les Scots d'Hibernie ayant fait une descente dans le royaume de Keredic, les guerriers bretons trouvèrent ce prince trop vieux pour mener vigoureusement la guerre contre ces envahisseurs et voulurent mettre à leur tête son fils aîné Caradoc. Mais celui-ci, résolu à se consacrer au service de Dieu, courut se cacher dans une solitude où il

[1] Cf. Lobineau, *Vies des SS. de Bretagne* (1725, in-folio), p. 81, et Garaby, *Vies des SS. de Bretagne* (1839, in-12) p. 452-453.
[2] Boll. *April.* II, p. 150.
[3] Aujourd'hui le pays de Galles.

vécut inconnu assez longtemps, et dont il sortit enfin, poussé par une voix céleste, pour aller en Hibernie, sous la direction de l'illustre Patrice, travailler à la conversion de cette grande île. Il y convertit un chef et sa tribu, y bâtit un monastère, et se lia d'amitié avec saint Tenenan, qui plus tard passa en Armorique et est encore aujourd'hui le patron de plusieurs paroisses bretonnes, entre autres, de La Forêt et de Plabennec près Brest, de Guerlesquin près Morlaix, etc.

L'invasion des Scots en Bretagne et la mission de saint Patrice en Irlande, mentionnées dans les actes de saint Caradec, permettent de fixer approximativement le temps où il a vécu.

On sait par Gildas que les Scots et les Pictes fatiguèrent l'île de Bretagne de leurs fréquentes incursions durant la première moitié du Ve siècle, mais surtout vers le temps, du troisième consulat d'Aëtius, en 446. D'autre part, suivant Tillemont [1], le meilleur des critiques qui ont étudié la chronologie de la vie de saint Patrice, le début de la mission évangélique de ce grand évêque en Irlande ne pourrait être antérieur à 440 ni postérieur à 460. Ces données concordent : vers 445, sous le coup de l'invasion scotique mentionnée dans sa vie, Caradec se sera retiré dans la solitude, et de là, cinq ou six ans après, vers 450, sur le bruit des travaux évangéliques de Patrice, il aura passé en Hibernie pour être son auxiliaire.

Nous ne savons rien de la mort de saint Caradec, parce que nous n'avons retrouvé encore qu'une partie de sa vie, à savoir, trois leçons seulement, fournies par le bréviaire de Léon imprimé à Paris en 1516, dont un exemplaire unique existe à la Bibliothèque Nationale.

Il suffit de lire ce curieux récit pour reconnaître aussitôt, à la brève simplicité du style, à la primitive rudesse

[1] *Mémoires pour servir à l'histoire ecclésiastique des six premiers siècles*, t. XVI, p. 460 et 784.

des mœurs, qu'on est en présence d'un document historique des plus anciens, antérieur au IXe siècle et peut-être au VIIe, car il respire, à certains égards, une antiquité plus haute que la plus ancienne *Vie de saint Samson*[1], écrite vers l'an 600.

Au XIIe siècle (comme on le verra dans les notes qui suivent notre texte), on interpola maladroitement une partie de ce document pour tenter d'y rattacher la légende, bien plus récente dans sa forme, d'un saint Cernath appelé aussi Carantec, dont le fond diffère essentiellement de celle de saint Caradec. Le bréviaire de Léon a le mérite de nous avoir transmis cette dernière sans interpolation.

§ 2

L'autre saint Caradec est moins ancien. Nous l'avons trouvé — on pourrait dire découvert — dans une vie inédite et très ignorée de saint Jacut, transcrite au XIIe siècle, et dont l'auteur explique ainsi l'origine.

Lors des invasions normandes en Bretagne, c'est-à-dire vers la fin du IXe siècle ou le commencement du Xe, le corps de saint Jacut enveloppé dans une peau de cerf ayant été transporté en France, on trouva dans cette peau, avec les reliques du saint, un cahier de parchemin où sa vie était écrite. Plus tard, ce cahier tombant en pourriture, il fallut transcrire la vie du saint ; mais tout en suivant fidèlement le sens, on voulut la mettre en meilleur style, et c'est cette nouvelle version qui nous

[1] C'est la vie publiée d'abord par Mabillon dans les *Acta sanctorum Ord. S. Benedicti*, Sæc. Ie, p. 165-185, et réimprimée par les Bollandistes au 28 juillet. C'est un document des plus importants pour l'ancienne histoire des Bretons, et dont il serait fort utile de donner une édition critique, revue avec soin sur les manuscrits de la Bibliothèque Nationale.

est parvenue. L'auteur marque nettement dans son œuvre où commence et où finit le récit ancien qu'il fait profession de suivre, et dans lequel l'histoire de saint Jacut est constamment associée à celle de son frère saint Guéthenoc.

Après avoir reproduit la conclusion de la légende primitive [1], cet auteur dit : « Jusqu'ici nous nous sommes borné à raconter les miracles faits par nos deux saints pendant leur vie, maintenant nous allons parler de ceux qu'ils ont opérés après leur mort *dans les lieux placés sous leur patronage* [2]. » Ces derniers mots désignent sans nul doute le monastère fondé par les deux saints à l'embouchure de la rivière d'Arguenon, encore connu sous le nom de Saint-Jacut de la Mer ou Saint-Jacut de l'Ile. Mais puisque l'auteur de la légende actuelle a déclaré, dès le début, n'avoir d'autre source, pour l'époque antérieure aux invasions normandes, que l'ancienne vie trouvée avec les reliques de saint Jacut, il s'ensuit nécessairement que ce qu'il ajoute à cette vie primitive doit être postérieur à l'invasion normande et transmis à notre auteur par la tradition. La légende actuelle, se trouvant reproduite dans un manuscrit du XIIe siècle, ne peut être d'une rédaction plus récente que le commencement de ce siècle ou la fin du précédent. D'autre part, le monastère de Saint-Jacut fut restauré dès le début du XIe siècle, Hinguethen en était abbé [3] en l'an 1008. Au XIe siècle donc appartiennent les faits rapportés dans cette partie de la légende, entre autres, l'histoire du second saint Caradec. On verra sans peine, en la lisant, qu'il s'agit là de choses récentes, et dont la mémoire était toute fraîche quand l'auteur écrivait.

Ce Caradec en sa jeunesse ne fut rien moins que saint.

[1] « Finem ergo suscepto pro illis (sanctis) opusculo imponamus, et ut pro nobis intercessores existant exoremus. » Bibl. Nat. *Ms. lat.* 5296, f° 61 v°.

[2] « Illis in locis in quibus patrocinia eorum venerata sunt. » *Ibid.*

[3] D. Morice, *Preuves de l'histoire de Bretagne*, I, 358-359.

Ivrogne, débauché, voué à peu près à tous les vices que sa pauvreté lui permettait, batelier de son état, établi sur la rive gauche de l'Arguenon, à son embouchure, probablement vers le point qu'occupe aujourd'hui le Guildo, il gagnait sa vie à transporter d'un bord à l'autre du fleuve les voyageurs contraints à le traverser. Un jour, un pauvre pèlerin, qui allait sans une obole en poche vénérer le sanctuaire de Saint-Jacut, prie Caradec de le passer à l'abbaye « pour l'amour de Dieu ». Caradec refuse, puis cède, et rend le pèlerin à destination malgré un orage épouvantable, qu'il se plaît à braver en revenant lui-même immédiatement à l'autre bord. Meurtri par la tempête, à peine débarqué il vomit le sang, tombe malade, meurt. Le diable s'empare de son âme ; saints Jacut et Guéthenoc la délivrent et la rendent à son corps. Caradec ressuscité passe dans l'abbaye de Saint-Jacut une seconde vie aussi pénitente, aussi sainte que la première avait été détestable, et sa seconde mort le mène droit au ciel.

Ce n'est ici qu'une esquisse, il faut lire le récit original, plein de mouvement, de couleur et de vie.

Les moines de Saint-Jacut ont toujours vu sans difficulté, dans Caradec le passeur, le patron du prieuré de Saint-Cadreuc, dépendant de leur abbaye et situé en la paroisse de Ploubalai [1]. Mais ils savaient fort mal son histoire, à en juger par la version qu'on en trouve dans la vie de saint Jacut, ajoutée à la troisième édition des *Vies des saints de Bretagne* d'Albert de Grand et attribuée à un religieux anonyme de la congrégation de Saint-Maur, qui est probablement dom Noël Mars. Ce bon père, — un grand chercheur, voire un érudit auquel l'histoire de nos vieilles abbayes doit beaucoup, — aura dans sa candeur jugé scandaleux, dangereux même, d'admettre qu'un saint pût commencer par un sacripant ; de la meilleure

[1] Ce prieuré est représenté aujourd'hui par le village de Saint-Cadreuc, situé près du Plessix-Balisson, au NN.-O.

foi du monde, il a complètement dénaturé la curieuse figure du passeur de l'Arguenon.

Si celui-ci est incontestablement le patron de Saint-Cadreuc, il doit être aussi celui de Saint-Careuc, car la flexion du nom est la même et cette paroisse n'est pas à une grande distance de Saint-Jacut. Pour les églises et chapelles plus éloignées, la présomption nous semble être en faveur du premier saint Caradec, dont le culte aura été apporté en Armorique dès le VIe siècle par les émigrés de l'île de Bretagne. Toutefois pour décider la question il convient de tenir compte des traditions locales et des représentations figurées : à Carantec, par exemple, où saint Tenenan accompagne saint Caradec[1], il ne peut y avoir d'hésitation.

Suivent les textes des deux légendes, avec une traduction que nous avons tâché de rendre, quant au mouvement et quant au sens, fort exacte. Les notes requises pour l'éclaircissement de ces légendes se trouvent à la suite de chacune d'elles.

A. DE LA B.

[1] Gaultier du Mottay, *Essai d'iconographie bretonne,* dans les *Mémoires de la Société archéologique des Côtes-du-Nord,* t. III, p. 131.

I

KARADOCI ABBATIS. XVI MAY *.

Lectio I

QUODAM tempore, fuit vir nomine Cereticus, et hic vir habuit multos filios : quorum unus erat Karadocus nomine. In illis diebus venerunt Scoti et occupaverunt regionem Britannicam [1]. Ceteticus autem erat senex, et dixerunt seniores : « Senex es, tu non potes dimicare : debes unum ordinare de filiis tuis, qui est senior ». Dixerunt illi Karadoco : « Oportet te esse regem ». Karadocus autem diligebat plus esse regem celestem

---

EN LA FÊTE DE KARADOC ABBÉ, XVI MAI.

Leçon I

Autrefois il fut un homme appelé Keretic, qui eut beaucoup de fils, dont un se nommait Karadoc. En ce temps-là, les Scots vinrent et occupèrent le pays de Bretagne [1]. Keretic étant vieux, les seigneurs de sa nation lui dirent : « Tu es vieux, tu ne peux plus combattre, mets à ta place un de tes fils, l'aîné. » Et il dirent à Karadoc : « Il faut que tu sois roi. » Karadoc entendant cela, lui qui désirait être roi au ciel et non sur terre, prit la fuite pour

* Bibliothèque Nationale, Impr. Inv. B. 4920, f. LL iii verso.

quam terrenum, et postquam audivit, fugam iniit ne invenirent eum. Accepit ergo Karadocus peram cum baculo et sacculo a quodam paupere et venit in locum qui dicitur Guerith Karantoc [2], et mansit ibi per aliquod tempus. Post multos autem dies venit ad sanctum Karadocum vox de celo, precepitque ut, quia hic latere non poterat et quanto ignotior et remotior a suis tanto fieret servus Dei utilior, Patricium sequeretur in Hybeŗniam. Karadocus igitur descendit in Hyberniam et ibi incepit construere monasterium. Relatum erat Karadoco in partibus illis apud quemdam tyrannum, Dulcemium nomine, esse quandam arborem, ornatam atque caram, que patris sui fuerat. Venit Karadocus et petiit arborem : « Utrum melior es tu, dicit tyrannus, omnibus sanctis qui postulaverunt eam ? — Non sum, » dicit Karadocus.

---

qu'on ne le trouvât pas. Il obtint d'un pauvre sa besace, son bâton et son sachet, et se rendit au lieu appelé Guerith Carantoc [2], où il resta quelque temps. Bien des jours après, une voix du ciel venant à saint Karadoc lui remontra qu'il ne pouvait rester caché plus longtemps, que plus il serait inconnu et éloigné des siens, plus il servirait Dieu utilement, et elle lui ordonna de suivre Patrice en Hibernie. Karadoc passa donc en Hibernie, et là se mit à construire un monastère. On lui rapporta qu'il existait en ce pays, chez un chef appelé Dulkem, un arbre fort beau, d'un grand prix, qui avait été au père de ce prince. Karadoc vint à Dulkem et lui demanda cet arbre : « Vaux-tu donc mieux, dit le prince, que tous les saints qui me l'ont déjà demandé ? — Non certes, » répondit Karadoc.

Lectio II

Tyrannus dixit : « Voca tamen Deum tuum, et si ceciderit tua est. » Respondit Karadocus : « Non est impossibile Deo quicquam. » Et hec dicens oravit Dominum. Completa oratione, cecidit arbor radicibus extirpatis, et stabant attoniti infideles. Credidit ergo tyrannus et baptizatus est, et omnes sui cum illo conversi sunt ad fidem et receperunt sacramentum. Hoc lignum artifices portaverunt in crastino ad opus inchoatum, et scinderunt in quatuor bases[3]. Quadam nocte, venerunt religiosi quidam aliunde ad locum, et deerant ligna foco ad usum pernoctantium : tunc surrexit Karadocus ad unam basem de quatuor, absciditque particulam ex illa. Artifex autem, hoc intuens,

---

Leçon II

« Néanmoins, reprit le prince, appelle ton Dieu : s'il fait tomber l'arbre, il est à toi.—Rien n'est impossible à Dieu, » répondit Karadoc, et il pria le Seigneur. Sa prière finie, l'arbre tomba, ses racines sortirent de terre ; les païens regardaient cela stupéfaits. Le prince crut à l'Evangile et se fit baptiser ; tous les siens se convertirent avec lui et reçurent le baptême. Le lendemain, les ouvriers portèrent l'arbre au lieu où Karadoc avait commencé son œuvre et en firent quatre piliers [3]. Une nuit, des religieux étrangers vinrent au monastère : le bois ayant manqué au feu où se chauffaient les veilleurs, Karadoc en coupa un petit morceau sur l'un des piliers. Voyant cela, l'architecte fort en

vehementer indignatus est et decrevit abire : et ait Karadocus : « Fili mi, mane in hac nocte. » Ille vero mansit invitus. Sole autem orto, surrexit ut abiret. Et exiens, circa ecclesiam vidit basem illam similem aliis basibus, non habentem in se scissuram.

Lectio III

Erat illis diebus quidam sanctus in Hybernia nomine Tenenanus [4], et hic erat leprosus. Venit igitur ad sanctum Karadocum ; sed antequam venisset, nunciavit ei angelus venturum ad se Tenenanum. Karadocus cum gaudio et exultatione preparavit balneum suo hospiti. Veniens ille cum exisset jam ecclesiam et orasset, accurrit iste obviam illi et osculati

---

colère déclara qu'il allait partir : « Mon fils, dit Karadoc, passe encore cette nuit avec nous. » Il resta à contre-cœur ; au petit jour, il se leva pour partir, mais en sortant il aperçut près de l'église ce même pilier tout semblable aux autres, sans nulle trace de la blessure que lui avait faite Karadoc.

Leçon III

En ce temps-là il y avait en Hibernie un saint appelé Tenenan [4], qui était lépreux. Il vint voir saint Karadoc, mais avant son arrivée ce dernier en fut prévenu par un ange, et se mit avec joie et empressement à préparer un bain pour son hôte. Celui-ci étant arrivé, comme il sortait de l'église après y avoir fait sa prière, Karadoc vint au

sunt invicem benedicentes. Et ducto eo a monasterio ad refectorium, cogebat eum oppido ut introiret lavachrum. Ille negabat et inveniebat causas satis ydoneas. Denique Karadocus ait: « Si non intraveris, non vives in vita eterna. » Cum hoc audisset, Tenenanus coactus intravit balneum. Accedebat iterum Karadocus ut lavaret eum. Animadvertens igitur Tenenanus quoniam ad se abluendum accederet, dixit : « Non lavabis me in eternum. » Respondit Karadocus : « Nec tu vives in eternum si non lavero te. » Lotus est itaque, et statim ut tetigit eum Karadocus, sanatus est a lepra. Et conquerebatur dicens : « Non bene fecisti in me, frater : quia forte superbus fiam amodo et multum deceptus ero. » — « Nequaquam, ille ait, sed pul-

---

devant de lui ; tous deux s'embrassèrent et se bénirent réciproquement. Karadoc, introduisant son hôte dans son monastère, le mena au réfectoire, puis le pressa instamment d'entrer au bain. Il refusait, avec d'assez bonnes raisons ; Karadoc lui dit : « Si tu ne te baignes pas, tu ne vivras pas de la vie éternelle. » Sur ces paroles, Tenenan malgré lui entra au bain. Karadoc s'approcha pour laver ses plaies, l'autre voyant son intention s'écria : « Ni maintenant ni dans l'éternité tu ne me laveras. — Et toi, si je ne te lave pas, répondit Karadoc, tu ne vivras pas dans l'éternité. » Il le lava donc, et dès qu'il toucha ses plaies, sa lèpre fut guérie. Tenenan s'en plaignit : « Tu as eu tort, mon frère, dit-il ; maintenant peut-être me laisserai-je prendre par l'orgueil, qui souvent me trompera. — Du tout, reprit Karadoc, seulement tu en

chrior eris, et tua caro non erit fetida. » Tunc sanctus Tenenanus ait : « Ingredere et tu, ut laveris. » Adjuratus ipse ingressus est balneum. Surrexit Tenenanus ut faceret obsequia. Habebat enim Karadocus septem cingula ferrea circa se, et mox ubi tetigit ea Tenenanus, fracta sunt omnia. Tunc ait Karadocus : « Non bene egisti : tibi verumtamen dampnum hoc videtur reparabile. » Ait Tenenanus : « Nequaquam, quia si venerint omnes fabri, non poterunt tibi fabricare cingulum. » Et post hec verba laudaverunt Deum, et facta est pax et unitas inter ipsos [5].

---

seras plus beau, et ta chair ne puera plus. » Alors Tenenan lui dit : « Baigne-toi à ton tour, et lave-toi. » Sur ses instances Karadoc entra au bain, Tenenan se leva pour le servir. Karadoc avait autour du corps sept ceintures de fer ; Tenenan les toucha, elles se brisèrent : « C'est mal ce que tu viens de faire là, dit Karadoc, mais c'est un mal réparable. — Du tout, reprit Tenenan : tous les forgerons du monde s'y mettraient, jamais ils ne pourraient te forger de ceinture. » — Sur ces paroles, ils louèrent Dieu dans la paix et dans l'union de leurs cœurs [5].

NOTES

[1] L'île de Bretagne.

[2] *Guerith Karantoc*, la pelouse ou la mousse de Karantoc. *Gweryd*, en gallois, signifie mousse et aussi gazon formant la surface du sol (V. *Dictionnaires* de Davies, d'Owen Pughes, de Silvan Evans). Quoique Karantoc et

Karadoc soient voisins par l'étymologie et la signification, nulle part notre légende ne donne à son héros le nom de Karantoc : c'était donc à ses yeux deux noms différents. D'après cela, dans l'opinion de notre auteur, ce n'est pas Karadoc qui donna au lieu de sa retraite le nom de Guerith Karantoc ; ce nom devait préexister.

[3] *In quatuor bases.* — *Basis,* base, piédestal, en général, tout ce qui sert à soutenir, à supporter. Il semble naturel d'y voir ici quatre grands piliers destinés à porter le poids de l'édifice.

[4] Saint Tenenan, quoique vivant en Hibernie, était orinaire de l'île de Bretagne ; plus tard il émigra en Armorique, c'est lui sans doute qui y apporta le culte de saint Caradec. On peut voir sa vie dans Lobineau *(Vies des SS. de Bretagne* in-f°, p. 118) et aussi, avec des fioritures romanesques, dans Albert Le Grand (3e édit. p. 285), qui indique même incidemment ses relations avec « S. Karadoc ou Karantec. »

[5] En breton armoricain, *caradec* et *carantec* signifient aimant et aimé ; *caradoc, caradog* ou *caradawg* est le même en gallois. Les glossaires de cette langue ne donnent point, il est vrai, ce sens à *Carantoc* ou, comme on dit maintenant, *Carannog ;* mais sortant l'un et l'autre des racines armorico-galloises *car* (ami, parent), *carant* (même signification), *caru* et *carout* (aimer), ces deux noms devaient avoir à peu près même valeur, encore bien — comme nous l'avons vu plus haut — que l'auteur de notre légende se garde de les confondre.

Cette confusion, dans un but plus ou moins intéressé, a été faite par d'autres.

Les Bretons Cambriens avaient, dans leur panthéon hagiographique, un saint Carantoc dont on ne savait rien, sinon qu'il était passé en Irlande, où on avait changé son nom en *Cernath*, et où il était mort. Au XIIe siècle, lors de la grande explosion des amplifications plus ou moins traditionnelles ou, pour mieux dire, des fables pseudo-historiques de la Cambrie, on voulut faire une histoire à ce saint. C'était le temps de la grande vogue de la légende arthurienne ; on commença par lui créer des relations avec le roi Arthur, à la demande duquel on le fit chasser un serpent, et par qui on lui fit rendre son autel portatif égaré dans un de ses voyages d'Irlande en Bretagne. Bientôt on alla plus loin. Profitant de l'analogie signalée plus haut entre Carantoc et Karadoc, remarquant en outre le nom du père de ce dernier (Keretic) et la mention d'une guerre contre les Scots, on refit complètement la première leçon de notre légende, en remplaçant Karadoc par Carantoc, et en donnant à celui-ci des origines magnifiques.

Aux yeux des rédacteurs des triades et des généalogies pseudo-historiques galloises, fabriquées dans le XIIe et XIIIe siècle, la mention des invasions scotiques ne pouvait paraître sans leur rappeler invinciblement un certain chef breton nommé Cunedda qui, selon Nennius, avait, au Ve siècle, chassé les Scots de la Cambrie : en raison de quoi on ne s'était fait faute de lui donner une ascendance et une descendance splendides. Pour ascendants, dix-huit générations par où il remontait à Anne, cousine de la sainte Vierge. Pour descendants une douzaine de fils, tous plus braves les uns que les autres, qui se partageaient la Cambrie et le pays circonvoisin. Parmi ces fils l'un avait été doté du nom de Caredig ou Keredig. Entre lui et le Keretic de l'antique légende de saint Karadoc on fit aussitôt l'identité, et en conséquence, le pauvre Karadoc une fois expulsé au profit de Carantoc, celui-ci se trouva en possession de la belle généalogie qui suit et qui remplace les trois lignes toutes simples — mais toutes vraies — de notre vieille légende :

Quodam tempore fuit vir nomine Keredic ; rex erat ; et hic vir habuit multos filios, quorum unus erat Caran-

tocus nomine, filius Keredic, mab Cunedda [1], *mab Ethern, mab Patern, mab Tacit, mab Kein, mab Guorchein, mab Doli, mab Gurdoli*... (nous en passons dix)... *mab Beli, et Anna mater ejus, quam dicunt esse consobrinam Marie Virginis. Cunedda igitur filios habuit*... (nous passons cette nouvelle litanie)... *Quintus filius Keredic... tenuit Kerediciaun*[2], *et ab illo nuncupata est. Et postquam tenuerat, venerunt Scotti et pugnaverunt cum eis et occupaverunt omnes regiones. Keredic autem senex erat, etc...*

Ici l'interpolateur rentre dans le texte de la vieille légende et le suit assez fidèlement jusqu'à la phrase où il est question de Guerith Carantoc : pour illustrer le séjour de Carantoc en ce lieu, il ajoute un petit miracle assez ridicule, pas très-facile à comprendre, et dont il n'y a pas trace dans notre texte. Puis l'interpolateur s'arrête là et ne parle pas du passage de son saint en Irlande, parce qu'il en était question dans la légende déjà composée de saint Carantoc, à laquelle ce morceau interpolé, pillé sur celle de Karadoc, devait seulement servir d'introduction.

Malheureusement pour cette belle combinaison, quand on compare la légende de Carantoc et celle de notre Karadoc, la contradiction éclate à chaque ligne.

Carantoc ne se retire point dans la plaine gazonnée de Guerith Carantoc, mais dans une caverne appelée Edilu ; il n'est point d'ailleurs forcé de le faire par l'invasion scotique, dont on ne dit mot en cet endroit. Il passe cependant en Hibernie ; mais au lieu d'y aller, ainsi que Karadoc, en humble auxiliaire du grand Patrice, Carantoc paraît ici en égal, presque en rival de l'apôtre, suivi comme lui d'une telle foule de clercs que les deux prélats jugent à propos de se séparer : ils se partagent entre eux l'Hibernie ; Carantoc prend à convertir la

[1] *Mab*, fils, en gallois.
[2] Le pays de Cardigan.

moitié de droite et laisse la gauche à Patrice ; ils conviennent de se visiter une fois l'an.

C'est après cela seulement que l'on parle d'une invasion des Scots en Bretagne, sans que l'on voie bien à quel propos. On ajoute que Carantoc fut reçu en Hibernie trente ans avant la naissance de saint David de Ménévie ; que les Hibernois changèrent son nom en celui de *Cernath* ; qu'il était toujours accompagné d'un ange en forme de colombe ; qu'il bâtit beaucoup d'églises dans la province de *Legen* (Leinster), fit beaucoup de miracles, guérit beaucoup de malades, au point que partout en Irlande on lisait le récit de ses actes, comme ceux de saint Pierre à Rome. Quant au reste, des généralités et des lieux communs.

Rien de tout cela, on le voit, ne se trouve dans notre légende de Karadoc. Par contre, de tous les traits si caractérisés dont se compose celle-ci : la conversion de Dulkem et son arbre, la colère de l'architecte et la construction de l'église, les relations avec saint Tenenan : de tout cela il n'y a pas trace dans la légende de saint Carantoc.

La conclusion est claire : nous sommes ici en présence de deux légendes, de deux personnages distincts.

La légende de Carantoc, empreinte dans presque tous ses détails d'un caractère fabuleux, ne remonte pas au delà du XIIe siècle. Celle de Karadoc, certainement antérieure au IXe, peut-être au VIIe, est un document d'un tout autre genre et d'une tout autre importance. La frauduleuse interpolation pratiquée sur le début de cette dernière pièce eût pu sembler, au premier abord, autoriser à confondre les deux légendes, surtout les deux personnages. Nous avons cru nécessaire de dissiper ce nuage et de prévenir cette erreur.

La légende de saint Carantoc existe à Londres, dans un manuscrit du British Muséum, coté *Vespasian*, *A. XIV.*

Elle a été publiée dès le XVIIe siècle par les Bollandistes dans le tome Ier de Mai, p. 582 et suivantes, et de nouveau en 1853, par le Rev. Rees dans les *Cambro-British Saints*, p. 99-101. L'édition des Bollandistes est beaucoup plus correcte, sauf un point : dans la généalogie de Cunedda, que nous avons citée plus haut, ils ont traduit l'abréviation *m* par *mac* au lieu de *mab*.

II

EX VITA SANCTI JACUTI *.

Illud quoque non debet fidelium memoriam effugere, quod in vicinia territorii quod dicitur Aquarum [1], eo quod duobus fluminibus cingitur, scilicet Rinetio et Arganona [2], dicitur evenisse. Fertur namque ibi extitisse juvenis pauperculus nomine Caradocus, verbis lubricus, vita sordidus, et ab omni morum temperantia ita alienus ut sepius in amentiam excederet, nisi rerum penuria eum aliquatenus retineret. Nichil quippe in eo frugalitatis, nichil utilitatis videbatur inesse, preter

---

Extrait de la Vie de S. Jacut.

Il ne faut pas laisser fuir de la mémoire des fidèles le fait suivant, arrivé dans le voisinage du canton qu'on nomme le pays des Eaux [1], parce qu'il est situé entre deux fleuves, la Rance et l'Arguenon [2]. Là, suivant ce qu'on rapporte, vivait un jeune homme pauvre appelé Caradoc, libre dans ses paroles, sale dans sa vie, tellement livré à l'intempérance qu'il eût été presque toujours ivre, si sa pauvreté de temps à autre n'y eût mis obstacle. Cet ivrogne, ce bon à rien, avait seulement une

* Bibli. Nat. *Ms. lat.* 5296, f. 62.

quod solebat una quam habebat navicula peregrinos ad oratorium sanctorum [3] venientes questus gratia flumen Arganonam transportare.

Interea accidit quod quidam peregrinus, ostium domuncule illius exosi pulsans, rogavit ut sibi aperiretur. Qui obviam veniens furibundus, ut semper erat, quid quereret inquisivit. Peregrinus respondet quod ad monasterium Landoac [4] (ita insula vocabatur) transire vellet, adiciens ut pro Dei amore sese ultra fluvium traieceret. At ille : « Si habes, inquit, quod porrigas, ne tardes ostendere ! » Abnegat viator nichil omnino preter attritam tuniculam se habere, et si illam daret necessario nudum remanere. Instat precibus, persuadet lacrimis, et ut paupertati condoleat singultibus exposcit creberrimis. Tandem pe-

---

barque dans laquelle il passait pour de l'argent, d'un bord à l'autre de l'Arguenon, les voyageurs qui se rendaient au sanctuaire des deux saints Jacut et Guéthenoc [3].

Un jour, un pèlerin vint frapper à la porte de ce malheureux et le pria de lui ouvrir. L'autre arriva furieux comme toujours, et demanda ce qu'on lui voulait : « Je voudrais, dit le pèlerin, aller au monastère de Landoac [4] (ainsi se nommait l'île de Saint-Jacut), je vous prie de me faire passer le fleuve pour l'amour de Dieu. » — « Si tu as de quoi payer, montre-le tout de suite », répond Caradoc. — « Je n'ai pour tout bien, reprend le voyageur, que ce petit manteau usé ; si je vous le donne, je resterai nu. » Toutefois il renouvelle sa prière, il insiste avec larmes, il supplie en sanglotant le passeur d'avoir pitié de sa misère. Vaincu enfin par cette prière opiniâtre, Ca-

tentis improbitate victus, in naviculam eum recepit, relictoque littore elapsus in fluvium navigare cepit. Cui mox vento insurgente contrario, totam a fundo aquam perturbari et procellis ingentibus crederes naviculam ad litus reici aut estuante gurgite absorberi. At nauta solita pertinacia jurat neque vento neque tempestate se superandum, donec ad alteram exponat ripam quem receperat peregrinum. Sicque ut proposuerat explevit et, homine ad terram exposito, per mediam tempestatem reluctando rediit. Sed ubi jam terram cepit, pre nimii presumptione laboris sanguinem evomens, ruptus et infirmatus est, et mors infirmitatem est consequuta.

Qui, ut postea sepius recitabat, de corpore egressus, statim teterrimis spiritibus arreptus est, quorum

---

radoc le fait entrer dans sa barque qu'il pousse loin du rivage au milieu du fleuve, et se met à naviguer. Bientôt le vent se lève contraire, bouleverse l'onde jusqu'au fond, des vagues immenses menacent de briser l'esquif sur la côte ou de l'ensevelir dans le gouffre écumant. Avec son entêtement ordinaire, le passeur jure que ni vent ni orage ne l'empêcheront de rendre sur l'autre rive le voyageur dont il s'est chargé. Il y réussit, met l'homme à terre, et à travers la tempête, toujours luttant, revient. Mais cette lutte inégale l'avait brisé ; sitôt débarqué il vomit le sang, il tombe malade, il meurt.

Alors (comme il le conta lui-même bien souvent depuis) à peine sorti de son corps, il est saisi par d'immondes esprits, dont les narines lancent une vapeur ardente et fétide, dont les mains brûlent comme du feu : double

naribus igneus fetor et manibus intolerabilis ardor egrediens intolerabiliter eum cruciabânt. Quibus ad invicem cachinnantibus et velut victorie spoliis exultantibus, usque ad litus picei fluminis deportatus est, ubi jam terribilior Mortis ymago venerat lintrem ripe applicans, cujus remis flumini immersis resilientibus, prorantibus (*sic*) undis, flamme scintille resultabant. In quam cum festinarent miserum deponere, subito apparuerunt oppositi duo senes[5] splendidissimi et maxime audatie, qui rapientes eum de manibus adversantium dixerunt : « Dimittite, impudentissimi, et abite vacui, quia quod non erat vestrum invadere estis ausi ! » At illi territi : « Nonne inquiunt, vocatis vestrum magistrum justum Judicem ? Et que est ista justicia, cum is qui a pueritia nostro magisterio est mancipatus, nostris disciplinis

---

supplice intolérable pour leur prisonnier. Il les entend rire et s'ébaudir entre eux comme des vainqueurs fiers de leur butin ; en même temps ils l'emportent au bord d'un fleuve de poix, sur lequel une effroyable figure de la Mort guide jusqu'à la rive une barque, dont les rames plongées dans l'onde font jaillir quand elles en sortent des milliers d'étincelles.

Comme on allait déposer Caradoc dans cette barque, tout à coup paraissent deux vieillards brillants de lumière [5] qui s'y opposent avec une grande audace et l'arrachent aux mains de leurs adversaires en criant : « Lâchez-le donc, effrontés coquins! allez-vous-en les mains vides! comment avez-vous eu l'impudence de prendre ce qui n'était pas à vous ?» — « Hé quoi, répondent

deditus, nostris operibus exercitatus, hodie nobis injuste aufertur ? » Senes e contra : « Sed que justicia, aiunt, ista esset, si is qui pro nostro amore sese morti tradidit, vester remaneret ? Nonne scriptum est quia finis precepti est caritas ? »

His dictis, maligni spiritus turpissimos dantes ejulatus discesserunt. Sed piissimi senes liberatum inter se reportantes ita ad inuicem deliberabant : « Equum est ut corpori reddatur, atque ut tempus poposcerit, suo arbitrio relinquatur. »

Jacet interim corpus exanime et deliberatum tradi sepulture, cum spiritu revertente revixit, et que sibi evenerant narrare non distulit. Deinde, quandiu licuit vivere, in monasterio Landoac et sub patrocinio

---

les autres terrifiés, n'appelez-vous pas votre maître le juste Juge ? Où est donc sa justice ? Cet homme-ci depuis son enfance a reconnu notre autorité, suivi nos lois, pratiqué nos œuvres ; et maintenant vous nous l'enlevez ! » — « Mais où serait sa justice, répliquent aussitôt les deux vieillards, si cet homme, qui est mort par amour pour nous, restait à vous ? N'est-il pas écrit que la fin de la loi de Dieu, c'est la charité ? »

Cela dit, les malins esprits, poussant de hideux gémissements, s'enfuient. Les pieux vieillards portent de concert celui qu'ils ont délivré et se consultant entre eux : — « Il est juste, disent-ils, de le rendre à son corps assez de temps pour qu'il exerce son libre arbitre. »

Cependant le corps de Caradoc gisait là inanime et l'on était prêt à l'ensevelir, quand l'âme y rentrant le ranime, et il raconte aussitôt ce qui vient de lui arriver. Tout le

confessorum qui eum resuscitaverant monachus extitit. Qui etiam fratribus ejusdem loci sepissime repetebat : « O si unquam venero in illum odorem et in illam suavitatem quam habui, quando de manibus inimicorum excussus fui ! » Taliter ergo qui de faucibus inferni ereptus fuerat mutavit vitam, et promeruit gloriam [6].

---

temps qu'il lui fut encore donné de vivre, il le passa dans l'abbaye de Landoac, sous l'habit monacal et sous la protection des saints confesseurs qui l'avaient ressuscité. Bien souvent il répétait aux religieux de cette maison : « Oh ! que je voudrais de nouveau respirer ce parfum, cette suavité que j'ai ressentie quand je fus délivré de mes ennemis ! » — Ainsi retiré de la gueule de l'enfer, il changea complètement de vie et mérita la gloire éternelle [6].

NOTES.

[1] *Territorium quod dicitur Aquarum*, en breton *Poudour*, littéralement le pays de l'Eau (*Pou*, pays, *dour*, eau.) Ce nom de Poudour, quelquefois altéré en Poudouvre, se trouve, dans les chartes des XIIe et XIIIe siècles, appliqué à une seigneurie féodale et à une circonscription ecclésiastique, débornées l'une et l'autre par la mer au nord, la Rance à l'est, l'Arguenon à l'ouest, qui s'appelaient la vicomté et le doyenné de Poudour. Le doyenné, relevant du diocèse d'Aleth ou Saint-Malo, comprenait les vingt-quatre paroisses qui suivent : Bourseul, — Cor-

seul et l'Abbaye, sa trève, — Créhen, — Lansieu, — Langrolai, — Plélan-le-Petit et Saint-Michel, sa trève, — Pleslin, — le Plessix-Balisson, — Plorec et Lescouët, sa trève, — Ploubalai, — Plouer, — Quévert, — Saint-Briac, — Saint-Enogat, — Saint-Lunaire, — Saint-Malo de Dinan, — Saint-Maudé, — Taden, — Trégon, — Trélivan, — Tremereuc, — Trigavou, — Vildé-Guingalan. Le pays de Poudour comprenait en outre trois autres paroisses, enclavées dans le diocèse de Saint-Malo mais relevant de l'évêché de Dol, savoir : Languénan, Saint-Samson-jouxte-Livet, et Saint-Jacut de l'Ile. — Voir sur le Poudour, pays, doyenné et vicomté, D. Morice, *Preuves de l'histoire de Bretagne*, t. I. col. 701, 839, 964, et MM. Geslin et de Barthélemy, *Anciens évêchés de Bretagne*, t. III, p. 72 et 162 ; IV, p. 360, 368, 369, 415.

[2] *Rinetio et Arganona*, la Rance et l'Arguenon. *Rinetius* nous semble une faute pour *Rinctius*. C'est ici, croyons-nous, la plus ancienne mention de l'Arguenon sous son nom actuel. Dans les *Evêchés de Bretagne* de MM. Geslin et de Barthélemy le titre le plus ancien où ce cours d'eau soit nommé est de 1231 (t. III, p. 74) ; il y a dans ce même tome trois autres mentions des années 1251, 1256, 1272 (p. 115, 125, 271), et de plus un renvoi au t. IV, p. 350, mais qui est fautif. Le nom de la rivière figure dans tous ces textes sous la forme française « Arguenon ». Le manuscrit de la vie de saint Jacut, certainement du XIIe siècle, donne donc à la fois la plus ancienne mention de ce nom et la seule que l'on connaisse sous forme latine.

[3] Ce sanctuaire, fondé au commencement du VIe siècle par ces deux saints qui étaient frères jumeaux, devint plus tard l'abbaye de Saint-Jacut, ordre de saint Benoît, où mourut en 1727 Lobineau, et qui subsista jusqu'en 1790.

[4] On écrit habituellement *Landoar* ou *Landouar*, mais la vie manuscrite de saint Jacut, qui répète ce nom trois

ou quatre fois, porte toujours *Landoac*, et il est bon de remarquer que c'est le plus ancien texte où figure ce nom.

[5] Saint Jacut et saint Guéthenoc.

[6] En face du récit de la légende primitive ci-dessus reproduit et traduit, nous tenons à mettre l'histoire de saint Caradec ou saint Cadreuc, telle qu'on la trouve dans la troisième édition des *Vies des Saints de Bretagne* du P. Albert Le Grand (Rennes, Vatar, 1680, p. 758), en rappelant qu'elle n'est pas de cet auteur, mort alors depuis longtemps, mais d'un de ses continuateurs :

« Une autre fois, il arriva qu'un certain passager proche Landouart, nommé Cadreuc, qui avoit cette louable coutume de ne rien prendre des pauvres personnes qu'il passoit, voulant un jour extorquer son salaire d'un pauvre misérable, il s'éleva sur-le-champ une si horrible tempeste dans la mer que Cadreuc croyoit estre perdu. Puis le diable, entrant dans le corps de ce passant, le tourmenta de telle sorte qu'il tomba mort à l'heure mesme aux pieds de Cadreuc, lequel bien estonné de ces accidens, passa la nuit en grande tristesse. Le matin estant venu, saint Jacut et saint Guéthenoc, advertis de ce qui s'estoit passé, se transportèrent sur le lieu où, après avoir blasmé l'avarice de Cadreuc, faisant oraison sur le mort, luy obtinrent et la vie et la santé, meilleure qu'il n'avoit auparavant.

« Ce malheur si manifeste donna tant d'efficace aux remontrances faites à Cadreuc, qu'il proposa dès lors, comme un autre saint Pierre, de tout quitter pour se soumettre à la discipline de ces deux saints, ainsi qu'il fit peu de temps après. Car l'odeur de leur vertu, qui s'augmentoit de jour en jour, ayant attiré plusieurs personnes à se ranger sous leur discipline, ils furent obligés de faire construire le monastère de Landouart pour satisfaire à cette dévotion : auquel Cadreuc s'étant rendu des premiers, fut incontinent fait religieux et y vescut en telle sainteté qu'il s'est acquis une place au catalogue des saints. »

On le voit : non seulement le caractère de Cadreuc ou Caradec est absolument dénaturé et les rôles entre lui et son passager complètement intervertis, mais il y a de plus ici un énorme anachronisme : cette histoire est mise du vivant des saints Jacut et Guéthenoc, avant même la construction de leur monastère, c'est-à-dire au Ve ou au VIe siècle. D'après la légende latine, elle est au contraire très postérieure à la mort des deux saints et doit se placer au XIe siècle après la restauration de l'abbaye. La publication de cette légende, telle que nous venons de la faire, est donc une restitution complète de la véritable histoire du second saint Caradec.

Nantes. — Imp. Vincent Forest et Emile Grimaud, place du Commerce, 4.

www.ingramcontent.com/pod-product-compliance
Ingram Content Group UK Ltd.
Pitfield, Milton Keynes, MK11 3LW, UK
UKHW020402250726
13967UKWH00005B/2430

9 782013 040594